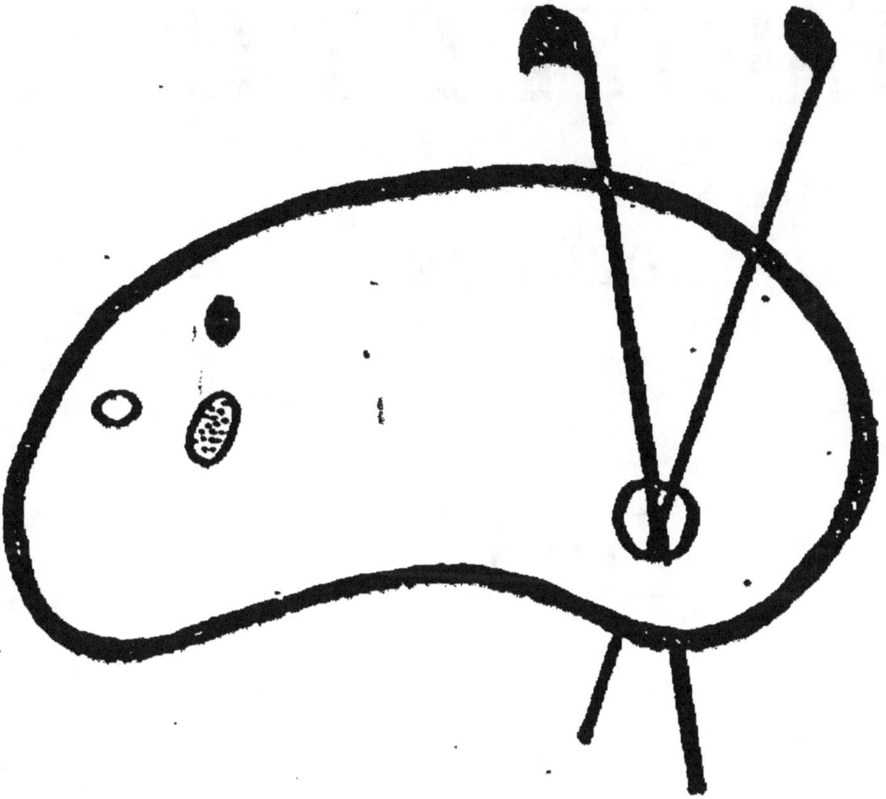

DEBUT D'UNE SERIE DE DOCUMENTS
EN COULEUR

LE BARON D'ESPIARD DE COLONGE.

L'ÉGYPTE

ET

L'OCÉANIE.

E pur si muove.

1 FRANC.

PARIS
EN VENTE, 20, RUE DU CROISSANT
ET
E. DENTU, LIBRAIRE-ÉDITEUR
PALAIS-ROYAL, GALERIE D'ORLÉANS.

1882

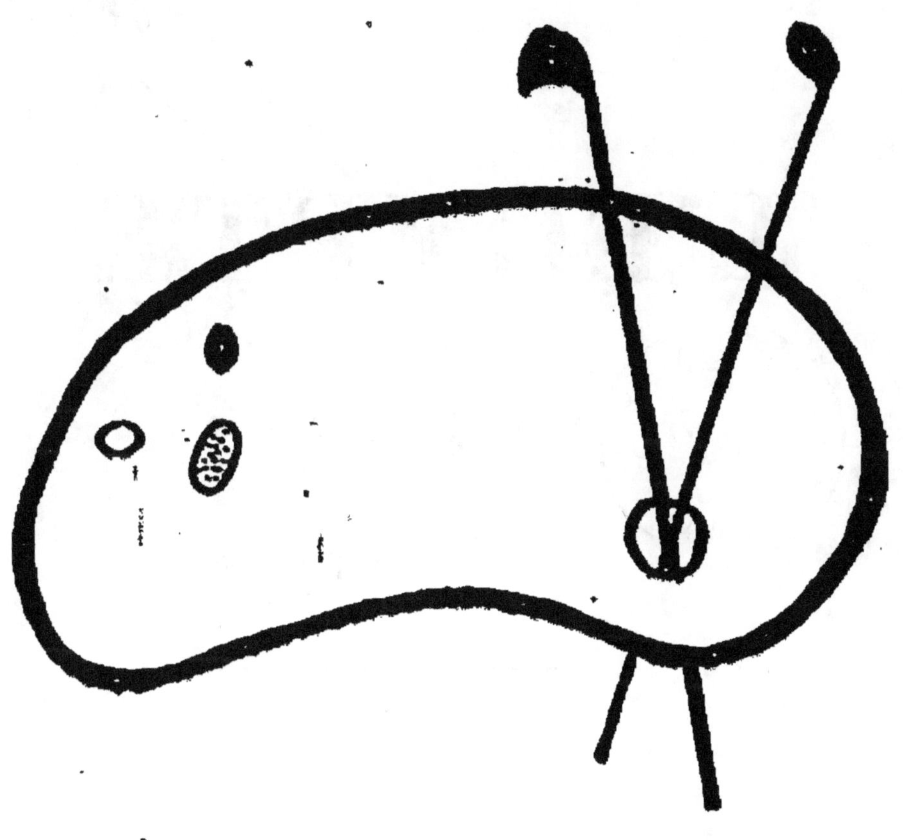

FIN D'UNE SERIE DE DOCUMENTS
EN COULEUR

LE BARON D'ESPIARD DE COLONGE.

L'ÉGYPTE

ET

L'OCÉANIE.

E pur si muove.

1 FRANC.

PARIS
EN VENTE, 20, RUE DU CROISSANT
ET
E. DENTU, LIBRAIRE-ÉDITEUR
PALAIS-ROYAL, GALERIE D'ORLÉANS.
—
1882

L'ÉGYPTE

ET

L'OCÉANIE,

E pur si muove.

L'antiquité a souvent essayé, mais n'a pu exécuter, effectuer le percement de l'isthme de Suez; elle n'a pu davantage opérer l'ouverture, commenter le grand livre des secrets du territoire d'Egypte et, à ce sujet, les anciens n'ont à peu près su dire rien qui vaille.

Beaucoup de questions ici restent à résoudre; l'Égypte est le pays le plus intéressant de la terre; les confus souvenirs préhistoriques que cette contrée, aujourd'hui réduite à la vallée du Nil, a laissés ou qu'elle soulève sont non moins incomparables que les constructions sans pareilles qu'on y rencontre et les immenses substructions qu'on y découvre.

Sans contredit, et malgré la prévention publique accréditée, le monde n'a jamais connu le grand peuple primordial qui l'habitait, disparu, évanoui depuis les temps mythologiques ainsi que son territoire fertile perdu sous le désert.

La plupart des antiques édifices de l'Egypte sont écrasés, enfouis, fondés dans des conditions devenues impossibles ; ils sont souvent entourés d'une aridité absolue ou situés sur des terres tellement resserrées par le désert, qu'on est forcé de reconnaître qu'ils sont antérieurs, depuis des âges inconnus, à l'état territorial qui les environne.

Ce pays, où l'on trouve à diverses profondeurs souterraines, en désert ou sur ses confins, des bâtisses édifiées avec grand art et fortes dimensions, mais qui dans cette situation n'ont plus aucune raison d'être et qui échappent à toute explication, est, dis-je, plus important qu'on ne se l'imagine, et il peut être bon d'y regarder encore de plus près. Ce soin d'éclaircir ce que nous cachent de tels faits, d'ordinaire faussement envisagés par la fable et sa fille l'histoire antique, peut devenir d'une utilité manifeste.

En effet, après six à sept mille ans d'accalmie dans un espace céleste où la terre n'a subi aucune des vicissitudes que comporte sa vie d'astre dans l'immensité, il est, je vais le faire voir, d'un haut intérêt, et par des raisons d'ordre supérieur qui *priment tout,* — être ou ne pas être — d'approfondir le mystère du **SPHINX ÉGYPTIEN.**

Les plus anciennes traditions cosmogoniques affirment qu'à des périodes de quatre à cinq mille ans, déjà de beaucoup dépassées, des conflagrations de nature différente éclatent dans l'univers et font naître des temps difficiles aux existences ou les détruisent en majeure partie.

Nous ne pouvons plus guère douter que parfois les ensembles de la matière se comportent ainsi dans l'espace des cieux, actuellement que nous connaissons les troubles et dérangements que les planètes se causent réciproquement par leur attraction en tous sens et les mille effets possibles de convulsions et collisions désordonnées des éléments.

Or, les œuvres pyramidales à grandes proportions, qu'on ne voit qu'en *frontières* d'Egypte, ces masses de pierres superposées depuis des milliers d'années, d'aplomb sur leurs assises, qui passent l'imagination et dont on n'a jamais discerné que les faîtes, sur un sol de sables et de cailloux désespérément abandonné qui dès l'antiquité n'était plus l'Egypte, ont eu, certes, une tout autre destination que celle qui a été présumée.

Bien mieux, et c'est là un point capital à considérer, ces édifices uniques au monde et qu'il serait difficile, sinon impossible, de recommencer, de bâtir à nouveau, *peuvent encore servir, être d'un emploi nécessaire,* si les astronomes annonçaient un jour avec certitude un événement sidéro-terrestre, dont il serait insensé maintenant de ne pas admettre la possibilité en ses causes inconnues.

Tout porte à croire et, à mon avis, tout constate que les grandes pyramides, celles à peu de distance de Ghizèh, furent construites, — elles n'ont pu être bâties dans les conditions territoriales où elles sont depuis les plus anciens temps historiques, — en prévision d'un fâcheux accident planétaire, dans un but de sauvetage humain, êtres et choses; en un mot, elles furent des ouvrages grandissimes de conservation. De plus, je tiens pour constant qu'elles en servirent à l'occasion de chutes du ciel que maintenant la science ne peut nier depuis qu'elle en a reconnu la réalité dans les aérolithes. Il est de la dernière évidence que c'est un amas de matières tombées qui a encombré le sol des pyramides, de gravois, de pierres et de sables et a fait aussi l'Egypte telle qu'elle est aujourd'hui, une étroite région isolée entre deux déserts.

A l'appui de ceci il a été dit, en des temps très anciens, qu'au midi de ces grandes pyramides et à l'ouest des profondes ruines de Memphis existe un *Serapeum,* les vestiges d'un vieux portique; plus ou moins enfoui et difficile à retrouver dans le dédale du désert, personne n'y a songé. Ce lieu, ajoute la légende, renferme les bouches de longues galeries par lesquelles on peut aller, pénétrer à des labyrinthes, à d'antiques habitations extraordinaires, servant de base aux pyramides ou dont celles-ci ne sont que les épaisses, massives et lourdes flèches étudiées. De vastes rameaux communiquant les uns avec les autres donnaient à ces constructions les apparences d'une cité souterraine enveloppée dans un abîme de substances sèches au lieu d'être plongée sous un engloutissement par les eaux.

Les auteurs qui, dans l'antiquité, après une incertaine époque écoulée, ont révélé toutes ces choses secrètes, d'abord tenues en mystères, ont également fait savoir que des collèges d'initiés continuèrent longtemps à se retirer, à passer presque entièrement leur vie en ces sombres demeures qui aussi, en une époque alors déjà lointaine, avaient précédemment fourni des refuges à de hauts personnages de l'Occident, — lesquels, paraît-il par d'autres histoires, s'étaient réfugiés en Egypte, — pendant la bourrasque annoncée d'avance par des calculs de hautes et savantes observations. C'est là encore qu'avant la catastrophe avaient été déposés des objets précieux de toutes valeurs et qu'étaient conservées les archives du monde primitif en partie détruit par les effets divers de la conflagration terrestre qui, disait-on, aurait produit une *grande nouveauté planétaire !*

. Plus tard, ces lieux obscurs, égarés dans les roches et terres infertiles, ainsi que tout ce qu'ils contenaient sous leurs voûtes enterrées, loin de continuer à inspirer un sage esprit de conservation, de vénération, furent pillés, dévastés, profanés par les conquérants et délaissés ; puis le temps et le désert ont fait le reste.

Toutefois, il est présumable que ces trésors n'ont point été entièrement dévalisés et que de curieuses richesses y sont toujours célées, renfermées, peut-être entassées, ou que d'autres « *Cercles d'or* » y sont restés cachés.

Mille faits constatent que la terre et, d'une façon particulière, la surface de l'Egypte ont été abîmées par une incidence considérable hors *ligne synodique*. Au temps où nous vivons, — *l'avenir du vieil âge passé*, — il est urgent de l'attester ; où, après tant de contes intéressés, d'histoires bornées, c'est œuvre convenable de fixer l'attention, de s'étendre, de revenir sur ce sujet trop rejeté, et il devient périlleux de ne pas s'en préoccuper.

« Un globe nouveau, qui semble ignorer sa place et ne savoir d'abord où se poser, » — il a même toujours bien des irrégularités, les astronomes actuels lui en comptent plus de soixante, — « *la lune*, d'une vaste étendue, ouvre les portes de la nuit. Aussitôt des actes d'épouvante se manifestent dans le ciel, et d'effroyables grêles de matières se succèdent sur le séjour de l'homme et de la femme.

« L'assemblée d'élite, dès qu'elle peut se réunir, certifie tout ce qui arrive, en déplorant l'époque difficile de malheurs lamentables qui va suivre...!! »

Néanmoins, en plusieurs contrées peu atteintes, certaines parties de l'humanité se résignèrent assez facilement, car l'*Edda* (l'aïeule) ajoute : « Bientôt après une autre terre surgit plus fraîche, plus riante que la première où il ne pleuvait pas. »

Nous voici nous-mêmes arrivés à une époque sans égale, où il n'y a plus d'impossibilité physique depuis que, fortifiés par le travail, nous sommes guidés par la science qui donne les moyens de tout surmonter.

Mais ne nous faisons pas illusion. Les Grecs, ces *grands enfants*, et les Romains ou autres prédécesseurs antiques avaient plusieurs milliers d'années devant eux quand, à bonnes ou mauvaises intentions, ils se mirent à divaguer, à mythologiser sur les temps passés ; tandis qu'il est assez rationnel de penser que les Européens modernes et tous les êtres de la terre n'ont plus que quelques siècles, une courte période d'attente, pour s'organiser, se préparer sur la terre à soutenir de nouveaux assauts venant de l'espace à jamais mystérieux et qui ne seront encore qu'un nouvel acte de progrès ou de transformations célestes.

Il n'est pas question ici de *fin du monde ;* nous connaissons la limite moyenne et extrême de la vie humaine ; mais nous n'avons nulle donnée sur la durée, la fin du mouvement des planètes, et il ne nous convient pas de régenter l'heure du ciel ! Ces temps d'ailleurs n'ont point été fixés par une parole sacrée.

Soit dit en passant, à ces petites gens qui, en tous propos qui les sortent des banalités admises, se permettent, se hâtent de taxer d'impiétés à tort et à travers, de rêveries scientifiques au point de vue religieux, les paroles sensées de ceux qui veulent regonfler, redresser leur mince esprit rétréci.

Déjà Galilée fut victime de cet emportement fanatique, inconsidéré, car le non tournoiement du soleil autour de la terre et la mobilité de celle-ci n'étaient point affaire chrétienne ; et rien ne motivait les attaques dont il fut l'objet ou ses rétractations obligées qui l'amenèrent à prononcer sourdement ces mots : *E pur si muove,* d'un écho éclatant qui l'a rendu à jamais célèbre !

Examinons donc sans arrière-pensée craintive, sans fiction, pour le seul charme de la vérité, les particularités de l'état général de la terre, en expectative d'un meilleur sort, et que nous ont fait connaître les études géologiques, les voyages de circumnavigations à peine séculaires, ainsi que toutes les explorations entreprises avec le désir de compléter les connaissances du domaine de la science.

Le globe terrestre semble surchargé à l'improviste ; on peut dire qu'il a en excès tout ce qui manque à la lune, eaux et terrains. Presque partout où l'on a fouillé, on a trouvé les restes d'un désastre, un assemblage matériel étranger, ou des fossiles d'os d'animaux inconnus, pétrifiés, non redevenus *cendres et poussières* prêtes à s'évaporer, mais le tout mêlé confusément, aggloméré à profusion. Les eaux salées, tout extérieures, occupent les trois quarts de son territoire ; elles recouvrent non une terre vierge, mais souvent des ruines ainsi englouties, les vestiges d'innombrables travaux humains. En outre, un tiers des pays demeurés au-dessus de l'eau, lesquels composent le quart restant, ne peut être habité.

La moitié de l'Afrique et un tiers de l'Asie sont devenus inhabitables; les déserts d'Arabie et de la Syrie, à l'Occident asiatique, parcourus, visités seulement depuis un peu plus d'un siècle par des hommes instruits, compétents, contiennent une quantité considérable, des vingtaines de villes abandonnées en terrains arides. On y découvre mieux encore : des cités capitales, ornées de colonnades à perte de vue, absolument désertées par force majeure de sécheresse en terres incultes dont, tout le fait croire, elles durent être soudainement envahies. D'autre part, je serais aussi porté à soupçonner qu'un roi très vanté trouva, *brocanta* dans l'une de celles-ci — Palmyre — un gros trésor perdu dans l'horrible tourmente et qui fut la source de ses richesses tant célébrées, mais dont aucun auteur n'a pu nous dire exactement l'origine ni le lieu d'où il avait tiré ses amas d'or. Il est connu que plusieurs historiens, ont raconté que ce roi y avait fait travailler; mais on ne *rebâtit* point en de telles régions déjà en plein désert bien avant lui (1).

Tous les voyageurs éprouvent un sentiment de stupéfaction en rencontrant, dans ces contrées dénuées d'eau, des monuments nombreux, épars, et plus ou moins enterrés, qui ne peuvent avoir été élevés que par de grandes populations fortunées et prospères ; donc en cette ère inconnue, sans mention historique, ce pays était très peuplé, riche, plein d'abondantes verdeurs.

Actuellement éloignées des lieux habités, dans une affreuse solitude forcée, ces ruines splendides ne sont entourées que de tristes campagnes changées, absolument stérilisées, recouvertes de terres erratiques, météoriques enfin, puisque, par absence de toute autre cause, elles n'ont pu venir que du ciel.

Tous ces pays, de temps immémorial, écrasés de rochers jetés pêle-mêle, de sables, de substances bitumineuses, salines, sans végétation, ni source potable, ni ruisseau, ni torrent, présentent encore ce fait non moins extraordinaire : un grand côté, une vaste étendue de ces régions désolées sont de plusieurs centaines de mètres au-dessous du niveau de la Méditerranée, de cette mer

(1) Comme font ceux qui déterrent les trésors et creusent bien avant pour les trouver. (*Proverbes.* Chap. II, verset 4.)

située au delà des terrains élevés qui les bordent à l'ouest. A tel point qu'en brisant la séparation on pourrait y créer un immense lac, un bras de mer d'au moins quatre cents mètres — 1,200 pieds — de profondeur.

Tout ceci prouve qu'il y a eu de violents changements sur ce territoire jadis très peuplé et ainsi rendu inhabitable par ces altérations du sol.

Au dehors de l'Egypte dont j'ai parlé, les autres parties du Nord de l'Afrique offrent également en plusieurs endroits un semblable aspect de ruines remarquables, qui ne peuvent être qu'un effet de nature, situées maintenant en déserts et désertées aussi depuis que des matières extra-terrestres, des chutes de météorolithes ont désolé ces contrées en les couvrant d'une couche de cailloux et de terres stériles tellement épaisse qu'elle n'a pu être déblayée.

Sur une étendue de mille lieues de long et d'au moins cinq cents lieues de large, tant en Afrique qu'en Asie, peu de pays ont été épargnés ; et les tribus nomades, les seuls habitants originaires qui s'y voient, tristes, mélancoliques, d'esprit noir et rêveur, n'y paraissent vivre que de désespoir ou de souvenirs désespérés.

Je le répète, aucune autre cause de cette désolation physique et morale, que celle que j'ai dite, ne peut être donnée. Je proclame donc ici des faits incontestables à l'appui, en continuation desquels il serait facile de beaucoup ajouter ; tous, au reste, sont très connus, quoique légèrement, sans déductions ou à peine racontés par les voyageurs.

Jusque dans les zones glacées de notre hémisphère boréal où, en les approchant, on retrouve des vestiges de monuments incompréhensibles et des agglomérations de ruines sans habitants ni voisins, en des conditions semblables, sinon pareilles.

Chacun de ces faits avérés doit en somme amener des réflexions extrêmes, sérieuses, et tendre à sortir l'humanité des fausses idées systématiques sur le passé et l'avenir à la suite desquelles, depuis des siècles, on la force de se traîner.

Dans ce qui va suivre, je ferai voir que dès à présent il est possible, d'après les nouvelles connaissances acquises, les découvertes obtenues, de désigner quelques-unes des principales péripéties de la subite aventure, — il n'en peut être autrement, d'après l'état des lieux, — de l'événement céleste qui, par unique exception dans le monde solaire, fournit à la terre un énorme satellite sous puissance d'attraction et seulement quarante-neuf fois moins volumineux que notre globe terrestre. Cet astre de l'espace, l'un des centres de l'infini comme tous les autres astres, et ainsi qu'eux roulant au-dessus des profondeurs éternelles de l'abîme du *Nadir !*

L'idée seule d'un ciel sans fin plongé sous nos pieds jette l'âme dans l'effroi et ébranle les étonnements de l'esprit ! ! !

Les statues gigantesques découvertes, signalées et visitées avec soin vers la fin de l'autre siècle sur les oasis, les petites îles de l'Océan pacifique, et autres antiques travaux de puissante main-d'œuvre trouvés en ces parages sous des parallèles de latitude australe à peu près pareils, sont des faits inouïs qu'on ne peut classer, plus forts que ceux de l'Egypte, et qui font naître une surprise sans égale. Les doctes des nations anciennes ne savaient pas tout cela, ne nous ont rien appris qui présente un sens d'indication quelconque à ce sujet.

Il est clair que les habitants de ces territoires exigus, perdus au milieu des mers, n'ont pu sans objet de travail, réduits à une nullité absolue de moyens d'action, exécuter de semblables ouvrages : ceux-ci dépassent complétement les forces, les idées, la volonté même de ces insulaires.

A l'île de Waïhou — île de Pâques, — solitaire, lointainement isolée de tout autre groupe, à mille lieues environ à l'ouest de l'Amérique méridionale, presque aussi loin que l'Europe de ce continent, on a compté des centaines de statues de pierre d'un seul bloc, de 10 à 40 pieds de haut et de 8 à 12 de large au-dessus de la poitrine ou des épaules. L'île est couverte, c'est le mot, de ces statues qui sont en général placées, montées par des forces mécaniques inconcevables, inconnues, sur des plates-formes dallées ou terrasses à gradins en pierres de taille très artistement agencées. Sur cette petite île de deux lieues de large et de trois ou quatre de long, il y a au moins soixante de ces esplanades, chacune surmontée de plusieurs statues monolithes ainsi d'énorme dimension : c'est donc un travail des plus considérables.

A la pointe sud-ouest de l'île se voit un îlot formé par une roche très élevée en figure d'aiguille, d'obélisque, au sommet de laquelle on aperçoit une de ces statues colossales, portée là on ne sait par qui, ni comment.

Comme toutes les autres, sa tête est surmontée d'une lourde coiffure, d'un chapiteau cylindrique de pierre qui n'est point pareille à celle de la statue et a une couleur différente. Dans la partie la plus élevée de l'île on a trouvé beaucoup de cylindres semblables à ceux des statues et jetés confusément les uns sur les autres. A Waïhou, les voyageurs ont aussi découvert, examiné les murailles très remarquables d'un édifice ruiné et de très extraordinaires souterrains de refuge taillés dans le roc. Tout y a été objet de surprise; on y voyait encore de très longues habitations couvertes de grosses pierres de taille.

J'ajouterai que la pierre qui compose toutes les statues dont je viens de parler ne ressemble point aux rochers du terrain sur lequel elles sont élevées, ni à ceux de l'île (1).

On s'y perd; assurément tout cela dépasse ce qu'on peut imaginer de plus surprenant. L'île de Waïhou ne produit pas un arbre, n'a ni fer ni cordages ni quoi que ce soit qui puisse parfaire, faciliter le plus petit travail où l'emploi de la force est nécessaire. Lors de sa découverte, ses habitants peu nombreux, un millier tout au plus, — une ancienne belle race néanmoins — vivaient d'une maigre nourriture végétale, joyeux, sans soucis, tout nus, dans un dénûment complet, sans culte ou arrière-pensée d'idolâtrie : ces pauvres gens, depuis, l'ont payé cher.....

Ces innocentes créatures, très intéressantes, intimidées dès les commencements de l'arrivée des Européens, ne voulurent d'abord rien répondre aux premiers officiers de marine et savants navigateurs qui les interrogèrent sur l'origine de leurs bizarres monuments, qui, au reste, présentent à l'esprit des vérités invincibles n'offrant aucune incertitude. Ils se contentèrent de lever les mains en haut, puis de faire de singuliers, de tristes gestes en baragouinant et en montrant l'espace avec le doigt.

Pas difficile de comprendre, cela coule de source : « Les pierres

____

(1) Voir Cook ou Lapérouse.

de nos statues sont autrefois tombées du ciel ; ensuite, après avoir été figurées, quelques-unes en avaient déjà l'apparence, elles furent mises où vous les voyez par les tout-puissants ancêtres qui, infiniment nombreux, habitaient une contrée immense, engloutie, assez longtemps après leur érection, par l'Océan qui entoure. »

Quels commentaires peut-on faire à ceci ; ces traditions et assertions sont armées de forces majeures auxquelles on est bien obligé de se soumettre. En présence de tels faits existants, cette submersion de vastes pays et de peuples inconnus, que les païens adorateurs de Saturne et Jupiter ou autres pieux personnages ont complétement ignorés, ne peut être mise en doute, la négative n'y est point admissible. C'est plus formel que la patrie traditionnelle des Atlantes, submergée, puis racontée par Platon, et qui a pu être niée. Ça dépasse également toutes les narrations des antiques philosophes égyptiens qui sont arrivées jusqu'à nous : ici aucun subterfuge n'est possible.

Ces statues grossières, d'éléments acceptés non choisis, admirables toutefois en certaines parties et rassemblées en si grand nombre sans nulle raison d'être apparente, ne peuvent avoir été élevées qu'en mémoire d'un formidable événement céleste, pour en conserver le souvenir.

En plusieurs endroits de la terre on trouve de pareils ouvrages de ressouvenances, qui se refusent à toute autre explication. Par exemple, à mille lieues plus au nord dans le même Océan, l'île déserte, ou à peu près, de Tinian est littéralement parsemée de piliers, tous ou la plupart de figure pyramidale, ayant pour base un carré, et qui n'ont jamais pu servir à rien édifier. Ces piliers sont faits de sables, de matières diverses amoncelées, agglomérées, et surmontés d'un demi-globe, la surface plate en dessus : chapiteaux aussi significatifs que ceux des statues de Waïhou.

Il doit encore en être ainsi des énormes monolithes alignés de Tull-Inguet, dans les environs de Brest, et des milliers de pierres *menhir* de Carnac, proche Quiberon, vers nos côtes de Bretagne, rangées en lignes, réunies, dressées également sans but motivé, sans utilité appréciable. L'eau envahissante n'en a englouti que quelques-unes, s'est arrêtée à leurs pieds, ne les a point entourées comme elle a fait de l'île de Waïhou ; mais tous ces ouvrages ont même caractère et ne peuvent être le résultat d'un déterminatif différent, celui-ci corroboré, bien éclairci aujourd'hui par les statues dont il vient d'être question. Ce qui frappe aussi dans toutes ces œuvres, y compris celles d'Egypte, c'est la puissance d'action que savaient employer, comme en se jouant, les hommes préhistoriques.

Les statues de Waïhou, dans la situation exceptionnelle où elles se trouvent, environnées des eaux de la plus vaste mer et d'une étendue sans bords rapprochés, autorisent de plus à reconnaître, sans objection valable, qu'il y a eu là deux faits positifs parfaitement désignés. Des chutes célestes en grand, éparpillées, dispersées ; et plus tard, à une époque indéterminée qui dut être assez longue, ou quand ce violent effort de la grande nature paraissait fini, calmé, il arriva un envahissement plus désastreux, absolu, inattendu, plus ou moins subit de l'Océan, qui a tout submergé, moins cette île et quelques autres au loin disséminées.

A Pitcaïrn, îlot également très solitaire, d'à peine huit kilomètres de circuit, et à cinq à six cents lieues de Waïhou, on découvrit en 1834, presque au faîte de cet îlot et à sept cents pieds au-dessus du niveau de la mer, quatre statues de pierre de plus de dix pieds de haut et placées, comme celles de l'île de Waïhou, sur une plate-forme en dalles unies et jointes avec beaucoup d'art. Ces monolithes taillés, rongés par le temps, diffèrent aussi entièrement par nature des rochers qui forment l'îlot et composent la montagne qui les supporte.

Ces statues ne peuvent encore avoir, dans les conditions où elles se trouvent, qu'un but, celui ci-dessus dit : rappeler un grand souvenir en en fournissant les pièces probantes authentiques, et l'affirmer de la façon la plus irréfragable. Ce travail d'art identique, sans qu'on puisse davantage en donner la raison d'être ni la possibilité d'exécution, semble aussi nous apprendre, il est difficile de n'y pas reconnaître, que le continent submergé allait jusque-là.

Mais il devait s'étendre beaucoup plus loin. Les îles Gambier, et presque toutes celles qui entourent ce groupe austral, contiennent d'autres statues semblables ou d'antiques ouvrages de ce genre et qui tombent de vétusté.

On ne pouvait guère espérer découvrir, sur des territoires de si courte étendue, des monuments plus complets, des œuvres d'art plus parfaites, des ruines de cités antiques, ainsi que dans nos anciens continents. Pourtant à l'île *Rimetara*, aussi un îlot, toujours dans la même direction de l'ouest, à cinq cents lieues plus loin et à plus de douze cents de Waïhou, on a reconnu des débris de colonnes fort grandes : l'une mesure vingt mètres de hauteur au-dessus d'un ancien édifice dont il n'existe plus que quelques vestiges.

Sur tous les sommets de l'île de Rapa, un peu plus au sud, et qui n'a que six à sept lieues de circonférence, on aperçoit des châteaux-forts cyclopéens. Tous les voyageurs qui ont visité cette île, aussi isolée que celle de Waïhou, y ont vu, constaté ces vieilles constructions, et ne se lassent pas d'en faire des récits les plus prodigieux.

Tout ceci prouve d'une façon claire, sans conteste, que ces îles faisaient partie d'un même continent disparu, situé dans l'hémisphère austral qui n'est pas le nôtre et resta tout à fait inconnu à tous nos législateurs anciens ou ignoré de toute l'antiquité *hyperboréenne* sans exception.

Ainsi ces régions méridionales eussent pu être considérées comme un autre monde terrestre qui n'a que faire de nos histoires et traditions. Donc aussi leur archéographie n'aurait pas dû tant irriter l'esprit furieux et maladroit de certaines gens qui, semblables au serpent Python, terrassé par Apollon, dieu des arts, des sciences, veulent, dis-je, empêcher la vérité de se répandre sur la terre, souvent en usant des plus indignes scélératesses.

A ce propos, voici ce qu'un illustre marin en voyage de circumnavigation osait dire déjà vers la fin de l'autre siècle : « A bord de « notre vaisseau la *Résolution,* nos recherches ressentirent des « obstacles incessants de la part de quelques-uns d'entre nous, « car les arts et la philosophie ont toujours été l'objet de la mal- « veillance de certains ignorants de parti pris. Et nous eûmes à « essuyer autant d'envie et de mauvaise volonté de la part de ces « gens-là que les voyageurs qui visitent l'Egypte ou la Palestine « en éprouvent de celle des Bédouins et des Arabes. » Sous puissance de *Python,* Mahomet !

Les habitants clairsemés, et devenus sans importance, des archipels lointains de ces contrées noyées dans l'Océan austral eussent dû être respectés, laissés en repos et quiétude, vivant sur de tels pays sans voisinage, mais heureux et verdoyants. La justice nous impose le droit de le dire : ils n'avaient rien à s'adapter de nos idées politiques ou religieuses et eussent dû être regardés comme une exception à la loi générale.

Les insulaires des jardins délicieux et sans serpent du grand Océan équinoxial, de ces petits-pays sauvés des eaux, n'avaient plus même l'idée, la nécessité ni la possibilité de travailler à *la sueur de leur front*. A l'île de Waïhou, la moins fertile, une journée de travail assurait une abondante récolte et la nourriture pour une année entière.

Les bâtiments qui ont visité cette île avaient produit peu d'impression sur ce petit monde entouré de colosses antiques de pierre ; il conservait ses mœurs, ses idées et coutumes, telles qu'elles ont dû être aux époques les plus reculées. Toutefois cette conformité excita de telles passions fougueuses que les pauvres gens de ce petit nid humain furent insultés, tués par les équipages de navires armés en guerre ; et en grande partie, autant qu'on en put prendre, ils furent exportés en 1863 aux îles *Chincha*, à plus de mille lieues de leur pays. La plume se refuse à donner les détails de ce forfait, qui doit inspirer la plus vive indignation dans le cœur de tout homme non dépourvu de sentiment ordinaire d'honnêteté ! (Voir l'*Annuaire hydrographique*, n° 457, page 79.)

On aurait pu comparer, assimiler tous les insulaires de l'Océan pacifique aux êtres des petites planètes, ces îles de l'air, ou aux *sélénites* s'il en reste, s'il en existe de semblables à nous par l'esprit, dans les *quarante-deux* centièmes du territoire lunaire que nous ne voyons pas, qui, d'après une certitude astronomique acquise, n'a jamais été tourné du côté de la terre et n'en a pas subi l'attraction dans les parties mobiles ou peu denses de sa surface.

Tous, notamment les heureux originaires de la ravissante île fortunée de Taïti, racontaient qu'ils savaient d'ancienneté que le soleil est devenu ce qu'il est maintenant, étincelant, depuis le passage de corps célestes très près de terre et de l'Ouest à l'Est, au-dessus de leurs contrées qui s'étendaient bien loin, bien loin. Pendant l'ère périodique des ralentissements de leur marche, ces corps y avaient produit d'abord d'universelles lapidations ; eux et quelques autres avaient été beaucoup épargnés.

Ils assuraient aussi que longtemps après, quand on n'y pensait plus, il s'en était détaché ou désassemblé des portions très volumineuses, des îles entières laissées au milieu des flots et qui naturellement en déplaçant, chassant les eaux, ont englouti la majeure partie du pays, tout un continent peuplé de la puissante et forte race des *Mahori*, dont ils ne sont, disent-ils, que les obscurs descendants.

C'est pourquoi à *Tonga, l'île sacrée*, et dans tout l'archipel où est située cette île, toujours même latitude au delà de l'équateur, en se rapprochant de l'Australie, on voit sur des armes et divers ustensiles, *tabou* ou sacrés, la représentation constamment reproduite d'une étoile accompagnée de *deux* croissants.

Après de telles traditions, de source pure de toute fréquentation extérieure, sans alliage politico-religieux, et ces stygmates d'indices si clairs qui les fortifient, on est tenté de croire, ce fait d'ailleurs est d'ordre assez ordinaire dans la grande nature de l'espace, que le plus petit de ces croissants s'ajouta tout simplement à la terre en y comblant un de ses abîmes. C'est alors, avant ou après, que l'autre serait devenu la lune de l'astre terrestre, son satellite, dominé par une attraction à laquelle il put se soustraire en partie, mais dont il ne put s'échapper.

Ainsi l'humanité serait *Prosélène*, antérieure à la lune : donc les Arcadiens et plusieurs peuples antiques avaient eu raison de le déclarer.

Quant à l'étoile désignée sur les armes et ustensiles sacrés de Tonga, j'y vois Mars, qui, après avoir ravagé la planète Vénus, selon le singulier langage de la mythologie grecque, eut la force centrifuge de s'éloigner et devint lui-même une planète.

Après des milliers d'années de séductions intéressées, d'institutions inspirées de terreur, de récits fabuleux, enfantins, ou de silence étudié, il est temps de ne plus nous y abandonner.

Les savantes explorations, les découvertes modernes, malgré les détournements que quelques-uns cherchent encore à y opérer, démontrent tous les jours plus clairement la réalité imposante, indéniable de l'immense aventure des cieux qui apporta de si grands changements dans la nature terrestre et l'existence humaine, que l'âge chronologique n'en put être déterminé et restera peut-être à jamais inconnu.

Il n'est certes pas trop par avance, d'envisager plus sûrement la vraie situation de la terre, de mieux voir dans les étoiles et de ne pas s'en tenir aux seuls calculs de précision ou aux observations télescopiques, toujours les mêmes, auxquelles cependant la science s'attache avec raison, mais trop exclusivement, à mon avis.

J'en demande pardon à messieurs les astronomes si j'ajoute qu'ils ont l'air de ne rien savoir des faits positifs qui s'écoulent dans l'espace éthéré. Ils paraissent constamment tout occupés de la couleur des étoiles appelés doubles, des nébuleuses originelles, de la diaphanéité de la queue des comètes, de la soi-disant incandescence des soleils, etc., bien qu'ils sachent pertinemment que ces corps célestes sont des sphères chargées d'électricité et d'inconnu qui font naître vie, chaleur, lumière, mais n'en ont point elles-mêmes.

Leur érudition ainsi détournée, leurs observations imprévisibles ne nous suffisent plus ; et même la découverte, autour de la planète Mars, de deux satellites gros comme le poing, peut-être récemment entraînés, ce n'est pas assez.

Examinons maintenant si l'état physique de la terre se prête encore davantage, ainsi que celui de la lune, à l'interprétation que je présente et que je crois la *juste vérité*.

Sur la même ligne australe, mais à sept à huit cents lieues à l'ouest de Tonga, c'est-à-dire à deux mille cinq cents lieues de Wathou, on aborde en Australie un pays de pleine mer d'environ trois mille lieues de circonférence dans son ensemble. Ce continent des îles de l'Océanie, par extraordinaire contraste, et malgré sa *vastitude*, ne contient pas une seule ruine et ne renferme pas le *moindre vestige d'antiquités*. Rien n'y rappelle un souvenir ancien, bien qu'il ne soit guère qu'à deux cents lieues de l'île de Java, qui en contient une infinité étonnante, eu égard au peu de grandeur de son territoire ; et ces monuments ruinés de l'île de Java, quelques-uns en partie engloutis, ne cèdent point à ceux d'Egypte.

En outre, la nature de l'île d'Australie, malgré son étendue considérable, diffère totalement, jusque dans ses plus petits recoins, de celles des autres régions de la terre, même des îles du grand Océan, dont elle est la principale. C'est en vain, lors de sa découverte, qu'on y eût cherché, pour tout ce qui concerne le règne végétal et le règne animal, une bête, une plante, un arbre pareils à ceux des autres pays, rien qui ressemblât à ce qu'on rencontre à profusion sur le vieux monde. On n'y trouva aucun arbre à fruit et nul légume qui puisse servir à l'usage de l'homme ; et, sauf quelques marsupiaux particuliers à cette île, il n'y avait aucun quadrupède.

L'Australie est assurément un *nouveau monde* dans toute l'acception du mot, bien mieux que l'Amérique, qui reçut à tort cette dénomination et qui n'était qu'un pays nouvellement découvert. Toute personne instruite sait qu'on a rencontré en Amérique de splendides édifices antiques et des villes entières, capitales, absolument inhabitées, envahies par la végétation des forêts, sans qu'on ait donné une seule raison valable de la disparition des habitants.

Le continent australien, presque circulaire, mais largement découpé de golfes et baies qui forment les brisures de ses contours, offre assez la perspective d'une des nombreuses petites planètes observées entre Mars et l'immense planète Jupiter; on pourrait même dire que les milliers d'îles du grand Océan équinoxial sont comme l'image, l'analogie de celles-ci.

Néanmoins les similitudes cessent bientôt; ces petites régions aériennes, indépendantes d'attache, sans fixité assise, participent chacune en des orbites différents au mouvement général des astres de l'univers. Toutefois leur mince grandeur doit les rendre très sujettes aux perturbations, très susceptibles de détournements : peut-être sont-elles une des sources des comètes où celles-ci se recrutent. Donc aussi dans leurs passages elles peuvent éprouver une attraction totale, en subir et en faire supporter les conséquences.

Tel est sans doute le point de départ; on est autorisé à y reconnaître l'origine des faits célestes, actuellement bien éclairés, qui ont bouleversé la surface du globe terrestre et que je viens de relater en en présentant l'aperçu.

Sur les planètes Jupiter et Saturne, l'avénement de satellites ou des chutes d'étoiles ne sont, doivent n'être qu'aventures ordinaires, naturelles, attendues sans émoi, et qui y arrivent assez fréquemment, parfois presque inaperçues en leurs contrées d'étendue démesurée. On y veille, je pense, d'une façon particulière, et autant que possible on s'en préserve, tout en les regardant certainement comme un don des cieux.

Tandis que sur la terre ce n'a pu être, on n'y a vu qu'une conflagration excessive, disproportionnée, prodigieuse, un affreux désastre qui a donné sujet à mille récits d'initiés mystérieux et histoires d'épouvante; ou c'est dans l'oubli et les pieuses aspirations tournées en contes symboliques que beaucoup ont cherché le reconfort.

Néanmoins, les moyens de sauvegarde n'y sont pas non plus impossibles, et déjà, dans un opuscule publié en 1879, j'ai fait voir que l'Europe et lieux divers pourraient entre autres se garantir contre un nouvel effroyable déplacement des eaux; issue des temps la plus fondée en probabilité ou la plus immédiate, si l'on considère la multitude, l'abondance des mers qui couvrent les trois quarts de la surface du monde terrestre. Je pense donc que ce n'est pas trop s'avancer sur les champs de l'avenir que de prévoir et espérer qu'aussitôt les percements d'isthme achevés, ainsi que les autres nécessaires travaux d'usage, nos ingénieurs, si brillants d'instruction, si justes appréciateurs, s'occuperont sérieusement, sans y mettre de retard, de ceux de prévoyance.

En résumé et tout bien considéré, loin de rester exclusivement appesantis sur les intérêts politiques et les vieux préjugés, les hommes de travail et d'étude doivent voir qu'il devient urgent de veiller aux us et coutumes de la mer et à ceux de l'espace. Celui qui est apte à juger des situations cosmogoniques sait que, entre la terre et son satellite, l'entre-deux est encore rempli de matériaux cosmiques, même de plusieurs astéroïdes assez gros, en rapides circulations à une moyenne région de l'air de notre monde. Il doit donc y reconnaître des causes possibles de nouveaux et violents changements que la moindre perturbation, le plus petit ralentissement pourrait produire ; et, sans tenir compte ici d'une foule d'autres non moins possibles, on a lieu aussi d'admirer l'ordre supérieur ou de s'étonner que ses altérations ne soient pas plus fréquentes.

La lune elle-même, ce satellite trop volumineux par rapport aux médiocres dimensions de la terre, a l'aspect d'une vieille ruine asséchée, fendue, crevassée, rayée de cavités profondes, prête à se disloquer et fournissant à la terre des observations peu rassurantes. Vue dans les grands télescopes, on y aperçoit des rivages qui rappellent l'action des eaux, mais ne bordant actuellement que des fonds de mers taries, sans amas de galets ni sable, ou présentant une absence complète de matières mobiles. Que sont devenues ces mers? Évidemment sur terre, des surcroîts d'Océan, de blocs erratiques, et des monts ou plaines de cailloux roulés comme on en remarque dans le Midi de la France qui, sur plusieurs points, en est dévasté.

Cet astre de toutes les intempéries n'est plus, dans ses *cinquante-huit* centièmes soumis à nos regards, qu'une immense pierre trouée d'au moins *cinquante mille* puits à margelle, à orifices surhaussés qui y ressemblent, et toutes les montagnes lunaires, rasées à leur sommet, sont évidées et creuses.

Cela semble certain, et après ce qui précède il est assez naturel de penser que l'avénement de cet astre déprimé et encombrant a tout vicié sur la terre, *même la race humaine!*

Donc la fameuse pomme à queue de serpent et échancrée — les chutes en se détachant de la lune ont dû avoir cette figure — n'était pas un conte mensonger, mais une histoire symbolique racontée d'une façon reconfortante plus encore que puérile à des hommes frappés d'épouvante, et dans un but de retour vers le bien ou d'institution morale. C'était, il est juste de le reconnaître, faire preuve de sagesse et d'intelligence dans le goût oriental, parmi ces peuples désespérés qui avaient vu un lieu de délices, toute une région fortunée changée en séjour infernal, un désert inhabitable depuis ce temps-là : les déserts arabo-syriens.

Donc aussi présenter cette interprétation c'est peut-être tendre la perche à ceux qui se noient....!

Cependant un langage enfantin n'est plus de saison, et l'humanité a mieux à faire que de s'endormir dès le jeune âge en écoutant de tels enfantillages, à la veille du vingtième siècle et de l'ère merveilleuse de la raison scientifique qui va commencer.

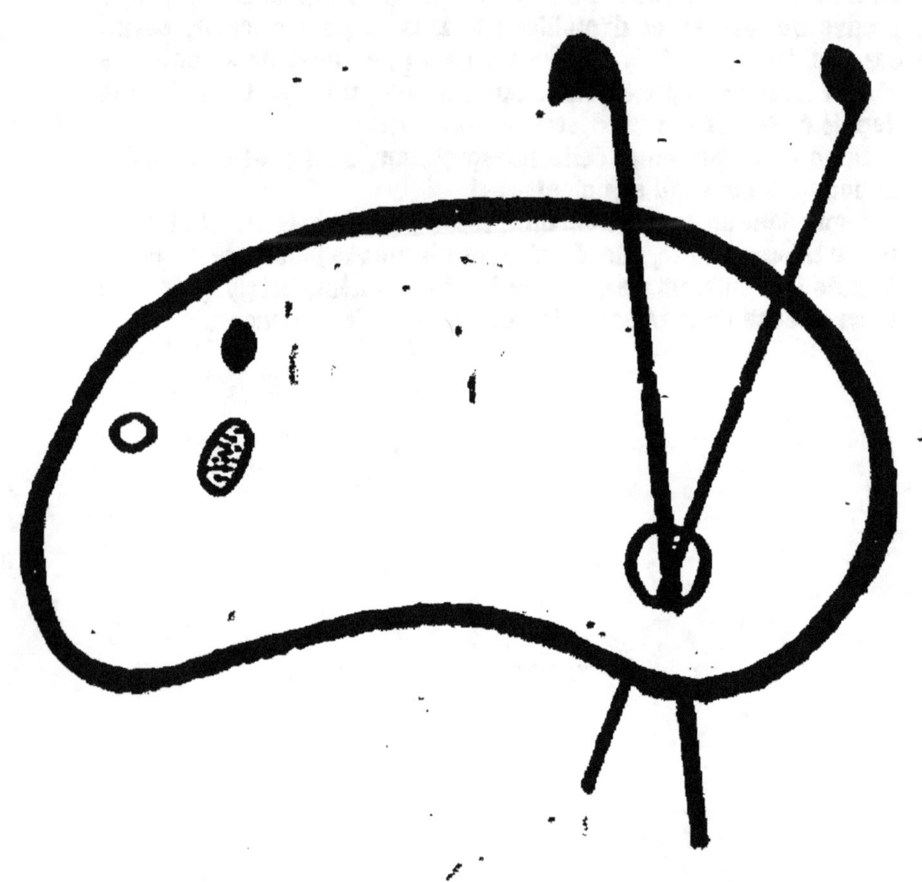

ORIGINAL EN COULEUR
HF Z 43-120-8